JN439243

사무친 사랑이여

오성건 시집

교음사

시인의 말

어느 시인은 이 세상의 모든 시인이 어느 날 시를 쓰지 않는다면, 돌아오는 봄 이 산하에는 더 이상 꽃이 피지 않을 것이라고….

인간의 손으로 만들어진 모든 것은 필연적으로 자연으로 돌아가 사멸하는 불변의 법칙 속에서 내가 아직도 부끄럽게 소소하나마 시를 쓰고 수필을 쓰고 있는 것은 오직 신앙적 용기의 산물이다. 시를 통해 생의 지난함 속에 나의 미숙과 무지를 그리고 죽음과 내세를 확신하기 때문이다.

한 편의 좋은 시가 이 세상 전부의 무게를 버팀목 할 수 있다는 새벽이슬 같은 믿음으로, 여기 허허로운 들꽃 시향을 통한 새로운 삶의 향기를 독자 그대와 나눌 수 있다면 그 얼마나 넉넉한 경험이겠는가, 아니 얼마나 아름다움이겠는가!

1988년 5월 24일 방송위원회 회의가 있던 날!

시인 김남조 방송위원께서 『바람세례』 시집에 '吳星鍵 先生 惠存 金南祚'라 친필 후 건네주시며 '오늘 발간된 제 시집입니다.' 조용한 음성 지금도 생생한데, 2년 전 코로나 좀 뜸해지면 만나기로 한 전화 약속 뒤로하고 훌쩍 하늘나라로 떠나가셨다. 제 처녀시집에 '뚜렷한 인생관과 신앙으로 비롯된 시'라고 후한 시평을 써주신 시인 이성교 교수님도 삼 년 전 하늘나라로 급히 가셨으니 이 허무 무엇으로 달래랴!

원로시인 서울문학광장 권용태 이사장님은 중앙대 대학 선배님으로 필자 방송위원회 재직 시 국회문공위원회 전문위원으로 계시며 국회와 방송위원회 간의 상호 업무 진행에 많은 도움을 주셨다. 『바람에게』 시집 발간 후 지난해 12월 18일에는 『그리하여 너의 섬에 갈 수 있다면』 시집 상재 축하연에 104세 김형석 교수님이 친히 오셔 뜻깊은 축사를 해 주셔서 자리가 중후하고 뜨겁게 더

욱 빛났다.

또한, 시집의 탄생에 크게 힘을 실어주신 국제PEN한국본부 이민호 홍보위원님과 자기 일처럼 반기며 도와주신 교음사 강병욱 대표님과 류진 편집국장님께도 마음 다해 깊은 감사를 드립니다.

아득히 먼 길 굴곡진 세월을 건너와 에메랄드혼식까지 함께해 준 내 사랑하는 아내에게 감사하고 우리 둘의 후사들인 첫째 오현승 장로와 강주희 권사, 둘째 미국 샌디에이고 딸 오현주 집사와 사위 구자곤 권사, 셋째 오현중 안수집사와 신은정 집사, 모두 주 안에서 충성으로 사명 감당하며 열심히 살고 있어 이 또한 하나님께 감사드립니다.

태평양 거센 파도 건너 외손으로 구본영, 구본우와 한국의 친손으로 오한빈, 오한웅, 오한영을 위해 새벽마다 기도할 수 있어 감사하고 지구도 너희들 발밑에 있어 세계는 너희들 것이며 밤낮 하늘의 동행을 위해 축복의 기도를 할 수 있음도 감사드립니다.

내 뼈를 깎아 만든 펜으로 심장의 뜨거운 선혈을 찍어 깊은 심연에서 길어 올린 청아한 혼으로 시를 쓰고픈 이 간절함이여!

'시인이여! 절실하지 않고 원하지 않거든 쓰지 말라, 목마르지 않고 주리지 않거든 구하지 말라, 스스로 안에서 차오르지 않고 넘치지 않으면 쓰지 말라, 물 흐르듯 바람 불듯 하늘의 뜻과 땅의 뜻을 좇아가라.'는 시인 선서가 나의 고백입니다. 이 소원 이루기 위해 때묻고 거칠어진 내 마음 곱게 닦아내고, 회심으로 가슴 아프게 치며, 더 오랜 각고의 세월이 흘러야 함을 절절히 나는 알기에 오늘도 오롯한 자세 온 마음으로 하늘을 향해 두 손을 모읍니다.

2024년 3월 오성건

| 사무친 사랑이여

1. 사무치게 그리운 날은

2. 너를 업고 갔느니라

3. 손가락 하나만

4. 나는 누구인가

5. 풍경소리

1

사무치게 그리운 날은

바람세례

– 김남조(金南祚) 시인이여!

1988년 5월 24일 방송위원회 회의가 있던 날!
시인 김남조(金南祚) 위원께서『바람세례』시집에
'吳星鍵 先生 惠存 金南祚'라 친필 후 건네주며

"오늘 발간된 제 시집입니다" 조용한 음성이
내 귀에 지금도 시퍼렇게 묻어 있다

사랑하던 이를
먼저 하늘나라 떠나보내고
슬픔에 잠겨 절필 후 다시『바람세례』새 시집을 내면서
"밤이 깊어도 돌아오지 않는 사람!
첫 권을 봄볕 속 고인의 쉼터에 갖다 놓으렵니다"

"하늘 슬퍼하는 자는 복이 있나니
날마다 슬퍼함으로 슬픔에
배부를 것이요 다른 굶주림은 모두 잊으리라
사랑하는 자는 복이 있나니 저들도 끝을 알 것이요
끝에선 하나가 먼저 떠나리로다 이날에 하늘을 보리니
수식어는 모두 죽고 다만 하늘이라"

꽃피는 봄도 무서리 낙엽도 서른여섯 번,
참으로 암담한 가버린 세월!
종착역 가까이 와 종말에 연민 짙어져
수많은 날을 「바람세례」 시향에 흠뻑 젖어
이 밤도 불면의 밤이 슬금슬금 나를 옥죄어 온다
김남조 시인이여!
이제는 하늘나라 시인이 되셨습니다

오성건 선생
김남조
2021.6.30

절창

누군가는 시가 이리도 쉬울 수 없다 뇌었으나
가슴 시린 짜릿한 영감을 심기는 늘
아득하기만 하여 통곡의 벽* 앞에 타는 목마름

남은 날은 짧아만 가는데 붉은 노을 시로 살기를
삶의 흔적 그림자가
생의 얼룩 깊고 그윽한 시가 되기를

성난 파도 홍해* 갈라 맨발로 건넨 이스라엘 민족
모세에게 주신 하나님의 지팡이를
아론의 싹난 지팡이* 주시기만 하오시면

이 풍진세상 건너며 마음 휘젓는 회심의 시
농익은 만고(灣貫)의 절창(絶唱)
용암의 분출로 이 밤도 단잠은 또 설치나 봅니다

*통곡의 벽: 고대 이스라엘의 신전(神殿) 서쪽벽의 일부, 통곡의 벽에 소원을 적은 쪽지를 끼워 넣으면 성취가 더 잘 이루어진다는 설이 있다.
*홍해: 출애굽기 14:21
*아론의 싹난 지팡이: 민수기 17:8

원로화가 장완 화백

국전 국무총리상, 스페인 프레국제전 금상 등
원로화가 장완(張完) 화백 기도 중에 혼을
쏟아 그려 받은 화폭, 대상을 심안(心眼)의
도가니에 넣고 혼융(混融) 생명을 불어
넣어 소록소록 갓 피어난 장미꽃 두 송이

소재의 구상을 사유의 추상으로
녹여 공존해낸 변용(變容)의 자연 원색의
붉은 장미가 울컥울컥 토해내는 장미향
온통 방 안이 생명으로 가득차 출렁이는
격정으로 굽이치고 휘몰아친다

"창조주 은혜의 빛을 감동적으로 표현
새로운 아이디어로 수없이 편곡하여
마무리해 나간다"고 신앙고백 하는 장화백!
긴 세월 평강 중 명작으로 신의 영광 빛내기를
새벽 성전 기도의 불은 밝게 켜져 있으리라

고바우 영감

– 고(故) 김성환 화백을 기리며

1995년 꽃피는 어느 봄날!
고바우 영감과 방송위 최연우 대변인 그리고 나
광화문 조용한 음식점 점심에서 파안대소했다
천진난만 순진무구 남다른 위트와 유머 감각에
노상 얼굴엔 웃음 빛이 가득하다

그날 친히 건네받은 '공산명월(空山明月)'과
'검정 황소 탄 퉁소 부는 고바우 영감' 만화는 지금도
암울한 섣달 그믐밤을 만월로 교교히 비치고 있고
1958년 1월 23일 자 동아일보에 게재된 경무대(현 청와대)
변소 청소 똥 지게 진 인부 만화!

앗! 저기 온다/ 귀하신 몸 행차하시나이까?/
(똥 지게 지고 거들먹거리며 가는 사람에게 똥 지게 진
두 사람이 머리가 땅에 닿게 허리 굽혀 절을 한다)/
저 어른이 누구신가요?/ (고바우 영감 조용히 묻자)/
쉬~/ 경무대에서 똥 치는 분이요/

쉬지 않고 세월 흘러 2019년 9월 8일 고바우 영감
87세로 속세의 끈을 사르르 내려놓았다
내 서재에 걸린 공산명월은 고바우 영감 퉁소 소리
와 함께 바람 불어 요동치는 어두운 세상을 휘영청
둥근 달로 억겁의 세월 오래오래 비추고 있으리라

사랑 한 줌 시 한 수 남겨놓고

홍엽 지는 가을 가면 아! 나는 어이하나
묘지 위 붉은 노을 서산마루 서성이니
달밤 귀뚜라미 소리 저리 가슴 저미고
남은 날 얼마인지 하 그리도 알 수 없네

혹, 오늘 밤 영혼아 오너라 부르시면
가진 것 다 내려놓고 가야만 하느니
세상 번뇌 사랑 한 줌 시 한 수 남겨놓고
광휘의 그곳 가서 주님 품에 쉬려 하네

바다

바다는
큰 배 등에 업고
흔들릴세라
조심조심 헤엄쳐 간다

큰 배는
사람 부둥켜안고
놀랄세라
높은 파도 헤치며 간다

사람은
세상 억만 수심 다
보듬고 고뇌하며
젖은 한숨 내쉬며 간다

바다는
큰 배 사람 한숨도
세상 번뇌 담숙 안고
태풍도 품고 춤추며 간다

내 사랑하는 딸아

내 사랑하는 딸아!
푸른 달빛 아래 너를 생각하면
내 마음 온통 꽃피는 봄날이다
종달이 춤추는 파란 하늘이다

그립고 보고파 샌디에이고로
태평양 은빛 파도 흰구름 타면
내 마음은 이내 번쩍 힘이 솟고
하늘도 열려 향기로운 꽃밭이다

밤마다 내 꿈은 보헤미안
귀뚜리 울음에도 그리 수줍은
네가 없었다면 어쨌을까 싶어
오늘도 너희들 이름 부르며 기도드린다

– 딸 현주 집사와 사위 구자곤 권사, 외손 본영, 본우에게

내 사랑하는 아들들아

내 사랑하는 아들들아!
오늘도 너희들이 있어 눈부신 햇살이다
모진 세상이라고 애당초 두려워 말거라
지구는 너희들 발밑에 있다

천둥 번개 눈보라 휘몰아쳐도
창창한 세월에
이 또한 다 지나가리니
견뎌 살거라

늘 푸른 여름 산허리 되어
기도의 기름 마르지 않고 비우면 채우시는
신의 응답으로 너희들 밟는 땅 가나안 복지 되어
신앙의 명가 강물로 대대로 흐르거라

하늘에 계신 창조주가
낮엔 해님이
밤엔 달님 별님이
밤낮 너희를 지키고 있느니라

– 아들 현승 장로와 강주희 권사, 현중 안수집사와 신은정 집사,
손 한빈, 한웅, 한영에게

사무치게 그리운 날은

견디기 어려운 고독에 휘감겨
한없는 그리움에 울고 싶은 날

그토록 못 견디게 그리운 날은
저 멀리 높고 파란 하늘을 보자

그래도 그리움이 파도로 밀려오면
동녘 솟아 오는 붉은 해를 보자

하 그리도 고요로 잠들지 않거든
밤하늘 반짝이는 별을 헤어 보자

그래도 마음의 적막을 흔들거든
서산에 지는 진홍의 노을을 보자

죽음만큼 사무치게 그리운 날엔
눈물이 날 때까지 흰 구름을 보자

그래도 고독이 영혼을 휘젓거든
기도로 사노라면 잊힐 날 있으리

감사

해 저물어 지친 몸
부려버릴 곳이 있음에

문에 들어서면
반기는 사랑이 있음에

세상이 요란할 때
기도를 드릴 수 있음에

힘들 때 누군가
날 위해 기도가 있음에

울적할 때 목청껏
불러볼 노래가 있음에

그립고 허전할 때
시와 수필 쓸 수 있음에

내 잔이 빌 때 넘치게
채우시는 주님 계심에

절규하며 벙그런 꽃

저리도 꺾일 듯 흔들리며
어느 세월 활짝 펴 꿀 향기
토해낼 수 있겠냐 물었네

꽃은 비바람에 까무러쳐도
목숨 다해 견디어 꽃피워
벌 나비 불러 잔치 연다네

그리도 절규하며 벙그런 꽃
향기 진동 꿀 가득 남기고
갈 때를 알고 하르르 지네

다 비워 보아라

다 내려놓아라
다 벗어 버려라
다 비워 보아라
가난한 마음에
더 낮아져 보라

잃으면 잃으리
요셉이 물질을
내려놓음같이
인생은 나그네
다 바람이어라

마음의 곳간이
감사로 행복이
가득 차고 넘쳐
깨달은 감격이
철철 흐르리라

에덴동산

한낮 적막 햇살 가루 뿌리고
외로운 권태가 흐느낄 때
예쁜 어항 속을 굽어 본다

승천하는 선녀 치마폭인 양
꼬랑지가 공작 날개인 양
블루 그라스 구피를 본다

하도 예뻐 몰래 봤더니
아따 고것이 어찌 알고
잽싸게 숨어 버린다

어쩌면 작은 구피 제 깐에
홀라당 벌거벗은 몸뚱이가
무척이나 부끄러웠나 보다

천지간 에덴이 따로 없거늘
세상이 하 수상하니 너마저
죄를 아는 눈이 밝아졌구나

갈색 늑대 한 마리

1960년 바람 불고 함박눈 내리던 겨울
동부전선 최전방 의무대대 막사
군번10651414 신참 오성건 일병 격무에
영양실조 손바닥 마비로 입원했다

무릎까지 퍼부은 눈길 사냥 간 의무병들
칼 빈총 늑대 암수 두 마리 중 암컷 명중
칡넝쿨에 묶어 끌어온 송아지만 한 늑대
무쇠 가마솥 물 세동이 붓고 푹 익혔다

따끈한 국물 후후 불어 마시고 고기 먹고
국물 먹고 또 마시고 싸고 먹고 실컷 먹고
온돌 침낭에 땀으로 흠뻑 아침 기상하니
그만 손바닥 마비 감쪽같이 사라졌다

늑대 한 쌍 백색 수컷은 용케 달아나고
암컷 늑대 사살되어 붉은 피 쏟았으니
홀아비 늑대 지금쯤 쓸쓸함 어찌 견딜까
무량 미안코 암컷 늑댄 무진장 고맙구나

기적이란

기적은 물 위를 걷는 것만
기적 아니다
앉은뱅이가 벌떡 일어서는 것만
기적이 아니다
보리떡 다섯 개와 물고기 두 마리로
오천 명이 먹고도 열두 광주리가 남은 것만
기적이 아니다

쉬지 않고 고르게 숨 쉬고
두 발로 휘적휘적 걸으며
높고 파란 하늘을 보고
종달이 노랫소리 들으며
꽃향기에 젖어 함께 노래 부르며
시도 쓰고 수필도 쓰는 것

이게 바로
기적 중 더 큰 기적임을
절절히 아는 나외다

혼자 떠나는 여행

난생처음 혼자 떠나는 멀고 먼 여행
어느 훗날 순명이 정한 그날이 오면
미련 없이 다 내려놓고 떠나야 한다

홀연히 가야 할 영겁의 본향
갔다가 아무도 돌아오지 않은 그곳
지구본에도 없는 멀고 먼 나라

표표히 떠날 내 뒷모습은 아름다울지
때묻고 구겨진 초라한 가슴으로
엄위하신 주님 앞에 어찌 설까

밤은 깊어 삼경(三更)으로 가는데
갈대의 사색으로 풍랑 일렁여
사슬잠에 번뇌의 꿈 흥건히 적신다

홍구공원

일제 강점기
1932년 4월 29일 오전 11시 50분
일본 왕 생일 축하 기념식장 상해 홍구공원(虹口公園)
"범을 잡으려면 그 소굴로 들어가야 한다"며

일본의 백천(白川) 등 수많은 정부 요인들을
도시락 폭탄 몸에 품고 들어가
일거에 통쾌히 격파했던 그 현장

2019년 6월 15일
해외 수필문학기행 일행 18명은 머리 숙여
애국의 높은 뜻 숙연히 묵념으로 기리고

죽음을 앞에 두고 외쳤던 피를 토하는
울부짖음의 그 함성 앞에 추모시를
나는 혼을 쏟아 헌시(獻詩)했다

매헌 윤봉길 의사를 추모하노라
-전략

아~ 이 통절한 당신의 한(恨) 맺힌 절규
지금 우리들 귀에 들리는 듯하온데

아직도 이강산 이 민족은
남과 북 둘로 나뉘어 바람 불고 요란한
이 풍진 조국을 하늘에서 굽어살펴 주소서

이 땅에 하늘의 평화가 도도히 강같이 흘러
세계 속에 이 민족이 무궁한 번영을
길이길이 누리게 하옵소서

이름도 노신(魯迅) 공원으로 변했어도
거기엔 윤봉길(尹奉吉) 의사의 초라한 푯말만
보석처럼 햇살에 반짝이며 꽂혀 있다

1919년 12월 19일 새벽 7시 27분
장엄하게 순국 형장의 이슬로 사라졌으니
오호통재(痛哉)라!

스물다섯에 산화 그의 생애는 너무도 짧았지만
오늘도 내일도 영원히 살아 숨 쉬며
오천만 백의민족을 날마다 그 자리에
구름처럼 불러 모으고 있다

내 소꿉친구 떠나가던 날

내 소꿉친구 동훈 사장아!
오늘도 한 생의 붉은 노을이
조용히 서산에 지는구나

여름 방학 때면 땀 흠뻑
메뚜기 잡아 강아지풀에 꿰고
홀라당 풍덩 멱감던 친구야

배고파 마늘종 먹고 매워
호호 좋아라 함께 웃던 친구야
하늘길 친구 먼저 가는구나

우리들 자랄 때 가난으로
보릿고개에 너무 배고파 키가
이리도 못 자랐노라 했었지

저세상 가거든 부잣집에
다시 태어나 배불리 먹고 훌쩍
커 맺힌 한(恨) 풀게나 그려

다시 못 만날 그리운 친구야
훗날 거기서 만나 옛 얘기 나누며
코스모스 꽃길 함께 걸어 보자

죽음의 이별이 이리도 아픈 것을
어찌 죽음이 꼭 이별만이랴
어찌 이별이 꼭 죽음만이랴

메멘토 모리

흥겨운 잔치 끝나간다
언젠가는 우리 모두
멀고 먼 본향 집으로
돌아가야 할 나그네

퉁기면 울릴 듯
눈부시게 푸르른 날도
비바람 눈보라 궂은 날도
구름에 달 가듯 스쳐가고

숨 가쁘게 달려온 길
문득 멈추고 메멘토 모리*
세월은 휘모리장단으로
잘도 꺾어 넘어가고

한평생 걸어온 발자국
반듯 곧았는지 돌아보자
덧없다 덧없다며 붉은 해
서녘으로 기울고 있다

*메멘토 모리: '죽음을 기억하라'(라틴어)

2

너를 업고 갔느니라

감히 하필이면

감히 하필이면
하고 많은 사람 중에
나를
아들 삼으셨나요

감히 하필이면
많고 많은 사람 중에
나를
장로(長老) 삼으셨나요

감히 하필이면
팔십억 뭇사람 중에
나를
시인(詩人) 삼으셨나요

오 하나님!
몽당연필 같은 나에게
어찌 이런 광휘(光輝)를
거저 주셨나요

아무리 또 아무리
억겁(億劫)을 생각해 봐도
오롯이 섭리요
주님 은총이옵니다

몸부림

붉은 설중매(雪中梅) 수줍은 듯
향기 토해도 아직 봄은 아니오

칼바람 눈보라 제아무리 휘몰아쳐도
이젠 겨울도 아님은

한 발은 봄에
또 한 발은 겨울에 걸쳐 논

몽니 겨울 나그네
떠나기 아쉬운 성난 몸부림이라오

이제야 문득

나는
이제껏
숨 가쁘게 걷고 뛰어왔네

나는
걷고 생각하며
쉼 없이 걷고 뛰어 예까지 왔네

먼 훗날
아련히 불꽃 같은 추억의
사람으로 곱게 남길 원하였네

나는 이제야 문득!
하롱하롱 지는 꽃잎처럼
잊혀 가야 할 때인 줄 알았네

성탄 축 기도시

빙 크로스비의 조용하고 부드러운 기품에
잠긴 감미로운 환상의 음성 "화이트 크리스마스"
그 소리를 감싸는 고풍의 오케스트라 반주
거리에 크리스마스 캐럴이 사라진 아쉽고
허전한 연말 거리
성탄 캐럴이 새삼 이리도 이리도 간절함이여!

"예수 그리스도의 나심은 이러하니라"
이천이십삼년 성탄절 아침 억조창생의 구원의 소식이어라
하늘의 축복, 말씀이 육신이 되어
베들레헴에 오신 성자 예수님!
아, 구원의 환호성, 기회의 신 카이로스의 시작이라
인간의 바벨탑 죄와 허물, 추한 모습 하늘에서
흰 눈 내려 소복이 덮으시고 해와 달 숨죽인 신비의
사랑으로 큰 나래 펴 포근히 사유의 은총에
담숙 안아 주소서

아직 버리지 못한 온갖 죄와 허물투성이
그대로 지닌 채 오늘 당신 앞에 왔나이다

내 어찌 주홍 같은 내 죄를 잊을 수 있으리오
내 어찌 태산 같은 내 죄를 모를 수 있으리오
내 속에 어디든 널려 있는 죄, 긴 세월 가도
죽지 않고 숨 쉬는 이 죄성 촌음인들 어찌 잊을 리야

성탄을 여든 번 넘게 맞고도 아직도 내 안에
못된 자아가 살아있어 이생의 자랑들이
주저리주저리 엉겨 허상의 탈춤 더덩실 춤춘다
고난의 생애는 외면 부활만 탐내니 언감생심 거듭나지
않고는 결코 누릴 수 없음을 통절히 깨달아
통회의 눈물을 흥건히 적시는 이 아침 되기를
원하는 깊은 꿈을 꾼다

주님의 피 묻은 옷자락 꼭 붙잡고 오직 목양 일념으로
양무리들을 푸른 초장 잔잔한 물가로 인도하시는
광야의 외치는 소리와 함께 구원의 실버벨 울리는
한국교회 되기를 절절히 소원하오며
빛 고운 아침의 나라 나의 조국 백두에서
한라까지 젖과 꿀이 흐르는 가나안 땅으로
새롭게 다시 태어나기를 간구하옵고
온 세상 땅끝까지 역병은 물러가고 거룩한 새 예루살렘
되어 하늘의 참 평화만 아늑히 깃들게 하옵소서
야훼 여호와 하나님!

부산한 4월아

부산한 4월아!
시집갈 날 기다리는
내 누님인 양
시작부터 둥둥둥

톡톡 노란 꽃망울
개나리 터지는 소리
진달래도 빨갛게
떼 지어 벙글벙글

목련 휘추리마다
하얀 철새 무리 앉아
볼록볼록 꽃봉오리
다투며 부풀고

향기 그윽한 라일락
철쭉 영산홍 꽃망울
자꾸자꾸 도독해지는
흥건한 꽃철이여

복사꽃 피고 지고
하늬바람 부산 떨다
애태움만 남기고
어정버정 떠나는 너

혼자 왔다 또 혼자
쓸쓸히 가야 하는
우리 내 인생 그리메를
나는 예서 보고 있노니

그립습니다

– 원로시인 월천 이성교 장로님!

2021년 10월 30일
구름 한 점 없이 높고 파란 하늘 아래
구시월의 햇살 고운 날
소중한 인연의 오색끈 얽힌 시인들과 함께
한국기독교시인협회 주관
하남 검단산행 야유회 가던 날!

미니버스 앞에서 세 번째 자리
창 쪽에 이성교 장로님 그리고
안쪽엔 저가 함께 앉아 창밖 코스모스
꽃길 산야 깊어가는 황홀한 단풍 가을을 만끽하며
조근조근 얘기 나누던 그 길이 마지막 길일 줄을
꿈엔들 어찌 알았겠습니까

저지난해 발간한 제 허허로운 시집
『한 세상 사노라면』에
"뚜렷한 인생관과 신앙으로 비롯된 시"라고
벅찬 시평을 써 주신 이성교 원로시인님,
오늘 따라 더 뵙고 싶고 한없는 진한 그리움에
사무쳐 제 마음이 흥건히 젖어버렸습니다

그 연세에도 그렇게도 겸손과 따뜻함은
우리 모두의 본이 되셨던 원로시인님!
아무리 한바탕 나그네 인생길이라 해도
그리도 곱게 향기로 사시던 원로시인님이
그만 12월 7일 문득 하늘나라로 떠나가실 줄이야
어찌 알았겠으며 이 황량한 허무를
어찌 견뎌야 합니까
아, 인생무상이여!

어쩌면 하늘나라에 원로 이성교 시인님을
황급히 모셔 가야 할 급한 사정이 있었나
미루어 생각하니 조금은 위로가 됩니다만
이성교 원로시인님의 따뜻한 정은 아직
세상 여기저기에 남아있어 하, 이렇게도
가슴 저밀 수가 없습니다

이제는 천상에서 주님과 함께 이 생에서
못다 쓰신 명시도 쓰시고 명수필도 마음껏 쓰시며
영생 복락 길이길이 누리소서

남기고 가신 시 「강릉연가1」에

"강릉 가는 길에
그리운 꽃들이 피고
산모롱이마다 산새가 울었다
산 밑 집들에는
연기가 폴속폴속 솟고
울타리 가에는
열매가 소롯이 익었다"가
오롯이 깊은 가슴 적십니다

우리도 언젠가 그날이 오면 천국에서 반갑게
만나 뵙기를 기약 드립니다
그리운 원로시인 월천 이성교 장로님!

나도 별 헤다 잠들고 싶어라

우리 한 세상 사노라면
억장 무너질 일 어찌 없으랴
먹구름도 천둥 번개 품었거늘
사람아, 얼마나 외로움인가
소슬바람도 견뎌야 하느니

행여 불의가 오라 손짓해도
꿀물 같은 유혹이 휘감겨
정녕 왈츠라도 추고 싶은
불같은 충동이 온다 해도
그건 만고에 추한 것이려니

파란 하늘엔 백학이 날고
땅엔 봉황이 춤추는 세상에
철새들도 멀리 떠나가 버린
고조곤히 바람도 꿈꾸는 이 밤
나도 별 헤다 잠들고 싶어라

사명은 이제부터다

반 십 년의 통치 누항의 그늘로
얼룩진 붉은 해가
서녘 마루에 턱 걸터앉아
송골송골 못다 이룬
오욕의 꿈과 한을 반추한다

생을 다한 조락의 낙엽들도
가는 길 하롱하롱
바람 타고 내려와
길 위에 마구 뒹굴다 흙에 묻혀
일몰을 베고 임종을 고한다

잘 가라, 어둡던 방황의 세월이여
눈보라 적폐 칼춤의 시간들이여
오라, 이제 모두 하나로 품고
사유의 훈훈한 남풍 휘몰아
사랑의 횃불로 날아서 오라

조국의 찬란한 새 역사여!
오라, 긴긴 어둠의 장막 헤치고
숙연히 여민 옷깃으로
눈부신 새벽을 한아름 품에 안고
사뿐사뿐 오라 사명은 이제부터다

오직 창조주만 알고 계신다

아담과 이브 후예인 사람아!
왔으니 반드시 또 가야 한다
후회 없이 떠날 준비되었는가

어느 날 심장이 멈출 줄 모른다
어디서 이승을 떠날지 모른다
어떻게 두 눈을 감을지 모른다

그러나 도적처럼 올 것이다
산모의 진통처럼 올 것이다
여름날 번개처럼 올 것이다

예고도 없이 문득 올 것이다
그날과 그 시와 그곳은
오직 창조주만 알고 계신다

이 풍진 긴 세월이

이 풍진 긴 세월이 흘러갔어도
동강난 허리춤에 옥죈 철옹성
닫힌 그리운 산하 굽어보노니
그리운 고향집은 갈 수도 없고
가슴 저며 무너지는 향수여라

으악새 높새바람 비무장지대
갈대숲은 속절없이 서걱이고
흰 구름도 한가로이 넘나들고
기러기 떼 줄지어 북녘 가는데
보고픈 부모 형제 언제 만날까

바람아 말해다오 너는 알겠지
피 맺힌 통한 울고 지고
눈물이 강물 되어 도도히 흘러
남북이 벽을 넘어 하나가 되는
이 강산 꽃 피는 봄날 언제 오나

시향의 힘

파리 미라보 다리 위에 한 장님이
“저는 태어날 때부터 장님입니다”
팻말을 목에 걸고 구걸하고 있다
한 행인이 하루 얻는 금액을 묻자
침통한 얼굴로 10프랑 정도라오

행인은 목에 걸린 팻말을 뒤집어
“봄이 오건만 저는 그것을 볼 수 없습니다”
라고 써주었다
한 달 후 그 행인이 그곳을 지나며
구걸하는 액수를 다시 물었다

정말 고맙습니다 선생님께서 다녀
가신 후로 50프랑이나 수입이 올랐습니다
도대체 어떤 글을 써놨기에
이런 놀라운 일이 생긴 겁니까?
마음을 흔드는 시향(詩香)의 힘

너를 업고 갔느니라

나는 한 세상 살며
바람 불어 흔들려도
날 선 작두날 딛고
얼쑤 춤도 추었네

천둥 번개 치는 날도
가파른 오르막 산길도
위태한 내리막 외길도
굽이진 구절양장도

실로 아득히 온 길에
주님 동행 그림자도
주님의 발자국도
어느 땐 보이지 않아

두리번 주님 찾았네
그때 주님의 음성이
네가 지쳐 쓰러질 때
너를 업고 갔느니라

세월아

여든하고도
반을 뚜두둑 꺾어
나를 스쳐 휘감아 업고
예까지 함께 걸어온 세월아!

거친 광야에
바람 불고 눈 내리는
고독의 긴긴밤 지샌 새벽도
다시 새날로 찾아온 귀빈이여

여명은 언제나
춥고 어두운 후에야 오나니
내게 아직 기다릴 목숨 남김은
어찌 하늘의 깊은 뜻이 아니랴

짧게 남은 황혼녘
깊디깊은 사색의 숲으로
황홀한 시혼(詩魂)을 찾아
꿈속 꽃길 훠이훠이 가고 지고

침묵의 함성

옥상 화단에 활짝 곱게 터진
공작선인장 벌 나비 부른
수줍은 초경의 선홍빛 꽃들이

아무도 보느니 없어도
세상 향해 예쁜 꽃 진한 향기로
사명 다했노라 침묵 함성이네

사운 대는 꽃들 당신은 세상에
무엇을 남겼는지 묻고 또 물어
나는 뭉클 가만히 부끄러웠네

정녕 덫이던가

그림자 없는 세월! 다시 못 올 너
또 흔적도 없이 휭그렁 가버렸네
세월아 너는 정녕 덫이던가

산수의 무심한 세월은 어느덧
찬서리 내 귀밑머리 무상(無常)하고
헐렁한 내 실꾸리 오늘도 풀었네

내 앞에 흐를 날은 하도나 적은데
내 이승의 윷판 어디 와 놓였는가
어디를 향해 서성이고 있는가

노블레스 오블리주

사람은
누구나 반드시 한 번은 죽는
불변의 진리!
하늘 섭리 엄히 부르시면
싫어도 가야만 하는 외로운 길!

하나
어떤 죽음은 태산보다 무겁고
어떤 죽음은 새털보다 가볍고
어떤 죽음은 무지 짧고 굵게
어떤 죽음은 무지 길고 가늘게

하나밖에 없는 고귀한 목숨
귀한 만큼 책임과 의무 다하라
노블레스 오블리주
당신은 어떤 삶을 살아왔는가
그리고 어떤 죽음을 원하는가

자화상

하세월 한 짐 등에 지고
석양빛 짙게 기울었네

가랑잎 바스락 소리에
산 그리매 휘감아 오고

아련한 세월 가물가물
오직 하늘 은총뿐이니

해설피 붉은 노을 안겨
통렬히 감읍하옵니다

인생 여정

깊은 고뇌 인생 여정
휘청휘청 걸어온 길
뒤돌아서 보니
세찬 소슬바람이었네

눈보라 격랑의 세월
얽히고설킨 삭풍에도
고즈넉한 달빛은
창살 그리매 드리우니

뭉게구름에 달 가듯
뉘엿뉘엿 황혼길엔
오직 주 은혜뿐
어찌 감사하지 않으랴

아! 여든 고개

시위 떠난 화살같이 달 가고 해 가더니
늦가을 석양이 성큼 오지랖에 안겨 오고
어느새 싸락눈 눈보라 칼바람 살 에이네

상기도 남은 날이 멀다고만 여겼더니
억새꽃 흩날리듯 피어나는 은발로 와
불현듯 산수(傘壽)는 내 머리에 드러누웠네

갈대숲 높새바람 서걱이며 스쳐가고
아드막한 하늘 아래 지치도록 걸어온 길
이제 해 질 녘 싸리문 살포시 닫아야겠네

3

손가락 하나만

나의 소원 2

오, 주님이시여

힘있게 흔들 수 있는 깃발을!
진실로 부를 수 있는 노래를!
온전히 믿을 수 있는 신념을!

운명을 함께할 참된 친구를!
뭉클 감동의 시, 수필 영감을!
목숨도 바칠 수 있는 신앙을!

내게 주시옵소서

귀뚜리 정강이 시린 백로

지구촌 산허리 연초록
눈이 부시게 푸르르더니
싸리꽃 구절초 쑥부쟁이
지천에 무서리 함초롬
귀뚜리 정강이 시린 백로

소소리바람 속 긴 생애
만고풍상 아스라한 질곡
살아온 날 가뭇 아슴 하나
훠이훠이 구름에 달 가듯
매정한 세월은 다시 상강

유구한 인고의 한 평생
한 뼘 남은 핏빛 노을에
홍안 소년 백발의 귀향길
망백의 길손 그 뉘라서
하늘 순리 차마 거역하랴

무정한 세월아

무정한 세월아!
쉬엄쉬엄 가거라
샛바람도 쉬어가라
무서리도 멈추거라

내장산 긴 산허리
저 청청한 연초록
뭇 잎이 홍엽 되어
우수수 져버리면

그토록 황량함을
그토록 고적함을
내사 어이 참을 거나
내사 어이 견딜 거나

찬란한 새벽이여 오시옵소서

질곡의 세월
삭풍에 칼날 진 서릿발
질풍노도 오직 은혜로
거친 광야 건너왔습니다

문득 이제는
금빛 황홀 사념에
눈부신 동녘 여명을
마주 바라보고 있습니다

칠흑 같은 밤은 가고
희망의 새날이 다가와
환희의 아득한 그리움
푸른 꿈에 잠겨 설렙니다

천둥 번개
바람 실은 돛대처럼
표표히 광휘로 찾아온
찬란한 새벽이여 오시옵소서

주님, 언제 오시렵니까

관(棺)에 못 치는 소리로
밤낮 공포의 광풍 부는데
언제 구름 타고 오시렵니까
가르쳐만 주십시오

목이 타게 기다리는
착하고 가난한 뭇 백성들
오늘도 하늘 우러러
목놓아 부르짖나이다

세상은 미쳐 날뛰고
거짓이 백일하에 드러나도
부끄러운 줄을 모르는
검은 수심(獸心)들을

언제까지 그냥 두시렵니까
이 광란의 칼 춤판을
언제 독사의 자식들아
호령하시렵니까 주님!

해의 퇴근

하루 일을 마친 장엄한 일몰
붉은 해가 야근할 별, 달님과 조우(遭遇)
살그머니 임무 교대했다

해는 혼곤(昏困)히 깊은 바다에
절반쯤 몸 담그고 피로를 풀며
후적후적 땀을 씻고 헹군다

능금처럼 빠알간 낙조랑
정겹게 도란도란 주고받는
얘기 소리가 아삼히 들려온다

하늘에 일곱빛 쌍무지개 걸어놓고
파란잎 붉게 태워 산허리 물들이고
햇살로 벗은 군상 포근히 감쌌느니

휴식 후 내일 아침노을 동녘 하늘에
말갛게 씻은 얼굴로 불끈 솟아오를
찬란한 광휘(光輝)의 꿈을 꾼다

행복이어라

해 저물어 지친 몸
부려버릴 곳이 있음에라

문에 들어서면
반기는 사랑이 있음에라

세상이 요란할 때
기도를 드릴 수 있음에라

힘들 때 누군가
날 위해 기도가 있음에라

울적할 때 목청껏
불러볼 노래가 있음에라

그립고 허전할 때
시와 수필 쓸 수 있음에라

내 잔이 빌 때 넘치게
채우시는 주님 계심에라

갑진년 새해여 어서 오라

미지의 세계 용띠 청룡의 해
갑진년 새해여 어서 오라
눈부신 새벽이 밝아오는
찬란한 조국의 새 아침 둥근 해야 솟아라
눈 덮인 산야를 꿈의 말을 타고
새로운 역사여 굽이쳐 오라

이글거리는 태양 불 속을 지나
껍데기와 찌꺼기는 다 태우고
정금으로 새롭게 태어나
믿음보다 깊고 소망보다 높게 사랑보다 넓게
민주 정의의 거센 파도로 밀려오라

천둥 번개로 달려와 무너진
삶의 터전 다시 일으켜 세우라
지금 우리들에게 가장 필요한 것은
진리와 정의뿐임을 본을 보여라
이제 오직 민족의 눈부신 번영으로
조국 하늘에 충만충만 꿈을 이루라

목련화

겨울 가고
봄이 오면
시리도록 희고 고운 목련화
목 길게 늘여
나는 너를 기다린다

지난봄
못다 핀 꽃망울
높새바람 불어 뚝
그만 일찍 져버린
순백의 그 목련화

피었다 지는 것이
어디 목련뿐이고 또 목련이 진들
어찌 그리 슬프랴만
그래도 새봄 손잡고
찾아온 첫 귀빈

바람아
멈추어라 또
목련화 지면 어이하리야
삼백예순다섯 날 매양
나는 그리움 삼켜야 하느니

새해 아침의 꿈

갑진년 새해 아침에
대망의 용틀임 청룡 꿈을 꾼다
연초록 피어나는 봄꿈을 꾼다
가히 서해 일몰에 턱 걸터앉아
동해 만삭 일출 간절함이여

오욕과 고뇌를 견뎌 삼키고
뭉클한 회심(悔心) 울컥울컥
토해내는 묵직한 감동의 시를
한 수 남기고픈 파랑새 꿈을

바람 부는 한 세상 건너갈 때
새벽 둥근 해도 곱고 아름답게
황혼도 장엄하고 황홀하게
하얗게 불태울 무지개 꿈을

아스라한 세월 생의 뒤란에
믿노라, 이제 낡은 것은 가라
새벽 오면 동녘에 붉은 해야

찬란한 광휘(光輝)로 부시게
어둠 사르고 불끈 솟아올라라

친구야

친구야! 우리
두승산 칡넝쿨 헤쳐
머루 다래 산딸기
한 소쿠리 따러 가자

망태기 둘러메고
산새 알도 찾아보고
산토끼도 만나보고
청설모도 놀래보자

알 품은 산꿩 졸다
장끼 후드득 날면
까투리 꺼병이도
놀랠라 쉬 조용히

오르다 목 마르면
바위 밑 옹달샘
갈한 목 축이고
솔향도 흠뻑 젖고

망태기 가득 따온
머루 다래 산딸기로
덩기 덩 덕 더덩실
얼쑤얼쑤 놀아보자

손가락 하나만

이상열 구족(口足) 화가의
절박한 새해 소망!

“새해에는
더도 말고 덜도 말고
손가락 하나만 둘도 말고 하나만
움직이게 하소서”

하온데
하온데

손가락 열이 온몸이
다 움직이어 걷고 뛸 수 있어도
그 천혜의 태산 같은 은총
모르고 사는 우리네 우매함

이보다 더한 미련이
천지간 또 어디 있으랴

봄날은 절로 절로 가네

옥상 꽃밭에 매화 영산홍
철쭉 흐드러지게 벙그러
향기 울컥 울컥 토하고

벌 나비 여기 어찌 알고
온 가족 꽃구경
봄나들이 나왔네

내 여보는 귀 기울여
도란도란 꽃과 벌 나비
얘기 소리 엿들으니

꽃들은 목 마를 때
타는 목 축여 준 그 사랑에
향기 날려 보답한다네

얼쑤! 벌들 꿀에 취해 노래하고
나비들 꽃향에 젖어 춤추니
봄날은 흥에 겨워 절로 절로 가네

사무친 사랑이여

사랑이 별것이더냐
주고도 더 주고파
보고도 더 보고파
깊은 마음 출렁이여 철썩철썩
끝없이 밀려오는 진한 그리움이여

비탈길 우리네 고달픈 삶
모진 세월 눈보라 비바람에
어찌 상처 없이 말끔히
흔들리지 않고 설 수 있으랴

산다는 게 별것이더냐
나그네 인생길 거친 풍랑 몰아와
못 견디게 고뇌 휘젓거든
촌음도 쉬지 않고 도우시는
못 박힌 주님의 손을 만져보라

여기 살얼음 여울목을 분주히
거슬러 오르는 은빛 피라미 떼도

굽어보니 온통 아물지 않은
아픈 상처 멍투성이인 것을

행복이 별것이더냐
하늘이 베푸신 카이로스* 위에
당신과 나 사이 옴팡지게 흐르는
도타운 정이고
태고의 뜨겁게 사무친 사랑이여

*카이로스: 기회를 잡을 수 있는 순간 그리스 신화.

5월이 오면

5월이 오면
더 그립고 보고픈 어머니!
하늘나라 가시던 날 함박눈 내렸지요
숱한 꿈 오롯이 가슴에 묻으시고
눈으로 잘들 살라 하신 말씀에
불효만 새록새록 생각나 가슴 저밉니다

여기는 지금
산수유 진달래꽃이 지천입니다
나무마다 연둣빛 새 잎새로
푸르름이 산허리 휘감아 물들이고
초록빛 따스한 훈풍도 꽃향기 머금고
살포시 스치고 지나가네요

어머니 계신 곳도 5월이 왔겠네요
개나리 철쭉꽃 홍매화 진한 향기 토해
벌 나비 불러 잔치 열고
도요새 춤추고 종다리 노래하고
휘영청 달밤 금강도 도도히 흐르지요
아, 사무치게 그리운 어머니!

봄은 요술쟁이

봄은 요술쟁이
봄인 듯싶기에 창문 열면
아직도 한 겨울인가 싶고
이제는 봄이려니 싶어
산허리 바라보면 초여름

설중매 목련 피었다 지고
분명 봄날이 온 듯도 한데
봄은 머무는 듯 언제 갔나
그리도 쉬이 가 버린 그 봄
바람 따라 왔다 가 버렸나

그렇게도 힘들게 왔다가
문득 황망히 떠나버린 봄
나는 누구에게 꽃이었던가
우리네 인생의 꽃 피는 봄은
얼마나 머물다 가는 것일까

초록 추억들

고향집 마당엔 옹달샘 솟아나고
여름철 휘감아 돌아 흐르는 개울에
고기 떼 몰아 붕어 송사리 떼 잡아
물망태에 가득 담고, 비 갠 뒤
빨간 고추잠자리 손가락 사이사이 끼고
좋아하던 때가 아슴아슴 출렁인다

열 마지기 텃논 벼 이삭 여물 무렵엔
대청마루 기둥에 새끼줄 매어 놓고
흔들면 주렁주렁 빈 깡통 소리에
새 떼들 화들짝 놀라 날아갔고
휘영청 달밤 마당에 멍석 깔면
이야기꽃이 은하수로 수놓았다

벼 이삭 익을쯤엔 노란 메뚜기 잡아
강아지풀에 줄줄이 꿰고 우렁이
엉금엉금 털참게 놀라 달아나면
논두렁에 앉아 나오기 기다릴 때

내 어머니 날 부르는 소리 추억하니
할수록 자꾸만 희미해져 간다

여름 방학 땐 십 리길 외가 친구들과
둑방물 풍덩 멱감고 뽕나무 까만 오디
실컷 따먹던 유년의 초록 추억들
논뱀이 뜸부기 섬돌 밑 귀뚜리 시방도
구슬피 우는지 꿈마다 고향집 뒤란
뜨락 서성이다 소슬히 되돌아온다.

덤으로 주신 목숨

아직 할 일 있다 할 일 더 있다
머리 열고 가슴 열어 숨어 자란
암덩이 끝내 찾아 도려내사
덤으로 살려 고른 숨결 주시고

가고플 때 휘적휘적 걷게 하시며
울적할 때 목놓아 노래하게 하시며
고요할 때 혼으로 시를 쓰게 하시고
위태할 때 영으로 기도하게 하시니

태산 같은 이 은혜 어이 잊을 리야
평생 갚아도 갚지 못할 이 광휘
나는야 영원한 사랑의 빚꾸러기
남은 날 그리도 짧아 어찌 갚을까

4

나는 누구인가

세월의 깊은 강

세상사 점 하나 찍고
물음표만 남기고
산으로 가는 인생아

언젠가 노을 되어
서산을 올라 홀연히
넘어가고 말 것을

천년만년 살 것인 양
동분서주 숨 가쁘게
어찌 그리 오가는가

쉬엄쉬엄 즐기면서
세월의 깊은 강을
건너가 보세나 그려

새벽기도

별들이 총총한 미명의 어슴새벽
세상 고요와 적막 이리저리 헤쳐
찬 바람 가르며 성전 맨 앞자리

무릎 꿇는 심정으로 두 손 모으면
십자가가 먼저 보고 반기며 웃고
하늘 음성 소곤소곤 들리어 온다

버릴 것 다 버리고 마음도 비우고
때 묻은 영혼까지 버리고 왔느냐
깊은 사념 고뇌 모두 쏟아놓거라

오, 나의 주여! 끼리에 엘레이손!*
주여 사죄의 은총만 내려주소서
내 아들아 네 소원대로 될지어다

*주여 긍휼히 여기소서

축시 2023년 추수감사절

태초 하늘과 땅을 창조하시고
춘하추동 이른 비와 늦은 비로
산천초목 갈한 목 축여 주시며
햇빛과 훈풍 오곡백과 주렁주렁
무르익어 먹여주신 추수감사절

소슬한 바람에 햇살 엷어지고
높고 파란 하늘이 내려와 앉는다
노란 나뭇잎 하롱하롱 떨어지고
하얀 억새꽃 출렁 달빛 그윽하니
이제 우리는 옷깃 여며야만 하네

장마도 이기고 태풍도 견디어 낸
쭉정이 알곡 가를 엄혹한 이 계절
너와 나는 쭉정이인가 알곡인가?
오, 신이시여! 고뇌하옵나니
회심 절규에 오직 긍휼 내리소서

코로나 팬데믹에도 풍요 열매에
감사의 물결 금수강산에 메아리
은혜에 감사 통성의 기도 소리
사유에 감사 화답의 아멘 소리
푸른 하늘 닿을 듯 초롱초롱하여라

내 이름 두 자

내 아버지 긴긴밤 기도 끝에
내 이름 두 자
별성(星) 자에 열쇠 건(鍵)으로

하늘의 닫힌 별 열기도 하고
열린 하늘별 잠그며 살라
높고 깊은 뜻 담뿍 담으셨네

내 손에 열쇠 자물쇠 주셨으니
세상 닫힌 문 못 열문 어디 매며
세상 못 닫을 열린 문 어디 매랴

문 닫혀 슬픈 사람 문 열어 주고
문 열려 찬 바람 닫아 주라신 뜻
아득히 걸어온 길 뒤돌아보니

언감생심 분부대로 살지 못한 나
하늘나라 내 아버님 이 죄송함
절절히 가슴 쳐 휘저어 옵니다

세상 어디에도 없더이다

상처 없이 핀 꽃
어디 있으랴
줄기에도 상처
꽃잎에도 상처
모진 비바람 할퀸 자국

하늘 나는
독수리도
상처투성이
밀림의 왕 사자도 큰
상처로 왕자 되었거늘

항차
험한 세상 살아가는
나그네 인생길
상처 없이 노니는 삶
세상 어디에도 없더이다

공평하신 하나님

심령이 가난한 자는
천국을 성큼
거저 주시며
참 평안과 무한의 해방도 주시고

불의(不義)하고 악한 부자는
천국에 낙타가 바늘귀에 들어가기보다
더 어렵고 높은 담을 쌓아도
불민에 잠 못 들게 하시고

1인에게 2인분의 행복은
언감생심 결코 주시지 않는
추상같이 엄위하신
공평하신 하나님!

나룻배

아스라한 질곡의 세월
모진 굽이 휘돌아 와
바람 부는 나루터까지 왔습니다

해 질 녘 어스름 선창
아득히 멀고 먼 본향
돌아갈 배를 기다리고 있습니다

혼자 왔다 또 황량이
홀로 외롭게 가는 길
타고 갈 배가 언제 올지 모릅니다

한 뼘 남은 붉은 노을
저리도 피를 토하니
배는 분명 우레처럼 올 것입니다

5월의 어느 봄날

설레는 소풍 서울역 동대구행 KTX열차
하늘 소망 가족 영원한 소녀 소년들이여!
태양은 정열을 퍼붓고 꽃바람은 당실당실

나이를 세어 무엇하랴 우리는 지금
눈부신 밝고 순결한 꽃피는 5월에 살고
하늘의 섭리로 맺어진 도타운 인연이어라

열방을 향해 구원의 빚 갚는 비라카미선교회
낙동강 생태탐방로 달성보 마비정 벽화마을
벚꽃길 옥연지 송해공원 강정보와 디 아크*

하빈묘리 사육신 박팽년 17대손 박노황 서산재
깊은 밤 도란도란 정담에 동창이 밝아오고
뒤란 풍죽소리 노송 까치소리 단잠 깨웠네

아침 사랑의 진수성찬 상다리 휘청 웃음꽃 만발
좋은 쌀 90년 풍국산업, 창립 70주년 남성교회
128주년 대구제일교회, 동무생각 청라언덕

이제 아쉬움 한아름 안고 헤어져야 할 시간
다시 만남 기약하며 뜨거운 정 눈물겹네
몸은 헤어지나 추억은 그리움에 영원하리

*디 아크(The ARC): 4대강 물 문화관으로 대구12경

나는 누구인가

창조주 엄위하신 그분 앞에
나는 괴나리봇짐 하나 메고
대사 없이 지나가는 단역 조연(助演)

언감생심 당치 않게 나 홀로
인생 연극마당 주연(主演)을 꿈꾸니

노하시기를 더디하사
측은히 가련하게 보시고
그냥 실낱같은 목숨 붙여 두셨네

언젠가 깨닫고 돌아오리라
밤낮 대문 열고 날 기다리시는 그분

또한 어디있으랴

내 깊고 깊은 심장에서 방금
길어 올린 정갈한 선혈로 쓴
향기로운 절규의 시향이

삶에 지친 영혼 가슴 휘저어
서너 끼 걸러도 고프지 않을
잠 못 이룬 고뇌의 긴긴밤도

정녕 동녘 새벽 광휘를 몰고
성큼성큼 찾아온다면 보다
더한 기쁨 또한 어디 있으랴

고향집

억겁의 세월 고장 없는 시계
죽음의 역병이 창궐해도
희대의 수마와 태풍이 몰아와도
작년에 갔던 추석이 다시 찾아왔다

나라 안팎 온 지구촌 소식이 암울해도
달은 시나브로 시나브로 백 년 만에
가장 둥글게 둥글게 차올라온 세상을
월광으로 함빡 짙게 물들이고

벌초 후 멀끔해진 조상 무덤 앞에 납죽
성묘로 생전 불효 회심에 위로받고
파란 하늘 가을 햇살에 지난날 아련한
추억들이 새록새록 살이 돋아 오른다.

온종일 새를 쫓다 지친 허수아비가
꾸벅꾸벅 졸면 노을이 스멀스멀 내려와
춤을 추고 황금 들녘은 더 없이 평화로
고즈넉해진다

추석이 풍요롭고 넉넉함이 슬픈 사람은
더 슬프고 외로운 사람은 더 외로워지는 명절
해마다 오고 오는 추석의 정서가
잘 익은 대추알처럼 검붉게 쪼그라들어
한없이 초라해지고

엄청난 시류의 물결이 지구촌 안방까지
덮쳐와 고향역, 고향길, 고향생각, 머나먼
고향 등 감미로운 흘러간 대중음악도
이젠 듣기 어려워졌다

어디론가 정처 없이 떠밀려가는 우리네
인생의 고향집은 아득히 잊혀만 가나
우리가 마침내 당도할 영혼의 고향집은
정녕 장차 예비된 그 나라임을 온전히
믿기에 어찌 감사하지 아니하랴

여러분

여러분! 소소리바람 부는
세상 먼저 살아본 내가 진정
심오한 당부가 여기 있소이다

할 수만 있거든 당신 앞에 흐르는
무정한 세월을 눈짓도 하지 말고
그냥 바람에 날려 보내시라

내사 멋모르고 산수에도 욕심껏
덥석덥석 받아먹었더니 아무짝도
쓸모없고 깊은 고뇌만 남더이다

세월에는 이길 장사도 없고 밖에 놓아도
도둑도 안 가져가니 세상은
점잖게 연세라 춘추라 하더이다

인간아

인간아!
너는 왔으니 반드시 가야 한다
떠날 때도 홀로 쓸쓸히 가야 한다

이생에
움켜쥔 것들
다 내려놓고 옷 한 벌 빈손으로 가야 한다

인간아!
너는 몰라 진정 행복이다
그날과 그 시는 오직 창조주 손안에 있다

가을 연가

어느 울적한 가을날
나는 너의 한 생애
추억의 고운 주단을
꽃보다 진한 한평생 영화를
이렇게 가볍게
밟고 있다

초록빛 물올라
정갈한 바람
삼복의 함초록 젖은 땀 씻기고
칠팔월 불볕
짙게 그늘지어
호막한 대지 식히고

세월 다해 이제 가는 길
드문 새 드문 새
하늬바람 타고 호리호리 내려와
햇살 덮고 뒹굴다

한 줌 재로 조용히 흙으로 묻힌다
이게 한뉘 숙명이련가

침묵의 진혼곡
거기 바스러지는 너의 혼백
가없이 장엄하고
허기사 언젠가 그날이 오면
우리 또한 가랑잎 낙엽인 것을
나는 예서 미리 보고 서 있노라

부모님 추도일

한 해가 또 저물어 가네요
함박눈 펑펑 내리던 날
뒤도 돌아보시지 않고
그리도 바삐 하늘나라 가신 아버지! 어머님!

오늘도 찬바람 불고 싸락눈 내려
따뜻하게 불 지펴 놓고 고깃국도 한 솥 끓이고
검정 쥐눈이콩 듬성듬성 넣어
이밥도 넉넉히 지었습니다

두고 가신 아버지 손때 묻은 정든 지팡이랑
어머님 성경책 챙겨 빨간 밑줄 그은 곳
펼쳐 놓았습니다

떠나가신 뒤 이곳에 이사와 어두운 별밤
행여 찾지 못하실까 걱정되어 외등 켜놓고
현관문 비스듬히 열어 놓았습니다

행길 지나는 바람 소리에도 귀 쫑긋하고
버선발로 뛰어나가 맞으려
적막한 집 안 서성이고 있습니다

아범아!
부르시던 인자한 그 음성 한없이 그리운 이 밤
내 등에 다 질 수 없을 한 짐 생전의 불효만
새록새록 생각나는 큰 죄인입니다

흔히들 가는 외국여행 한 번 보내드리지 못한
맺힌 한 내 가슴에 멍울 되어 심금 후벼 가슴
저미는 이 밤 종아리 걷어 회초리 피나게 흠씬
맞고 엉엉 소리 내어 울고 싶은 못난 아들
아버님 어머님을 목놓아 불러봅니다

아버님 어머님은 이제 내가 살아서는 만나
뵐 수 없는 귀하신 하늘 천국 백성입니다
아, 사무치게 그리운 아버님! 어머님!

숙명

붉게 타는 노을이 깊다
지치도록 숨 가쁘게 달려온
고달픈 한 생이 석양에 걸려
대롱대롱 매달려 있다

감사의 소중한 추억들
그리운 삶에 고운 흔적들
잊히지 않는 가슴 시린 날들
잠 못 이루고 뒤척이던 밤들
파노라마로 출렁인다

피보다 곱게 타는 황혼
하얗게 재로 식어지면
지상의 시간 문득 멈추리니
그때를 몰라 숙명이라고

억겁의 본향 당도하면
가서 좋았노라 전하고픈데
그날과 그 시를 어찌 알랴
오직 하늘 뜻이려니 오늘
살아 있음에 감읍할 뿐이리

4월이 오면

4월이 오면! 은마아파트
5동 103호 앞 넓은 정원
하 어인 일로 백목련 자목련 잊지 않고
찾아와 저리도 곱게 피는 것일까

어머님 하늘나라 가신 지 스물한 해
강산이 두 번 변하는 무던히 긴 세월이
흘러갔건만 개나리 진달래 가지마다
물오르고 홍매화 꽃잔디 실눈 뜰 때면
내 어머님 꿈마다 찾아오셔서
행여 어디 아프냐 물어보신다

바람 불고 봄비 흩날리던 새벽녘
목련꽃 한 잎 두 잎 뚝뚝 바람에 지면
어머님은 홀연히 떠나가시고
내년 이맘때면 다시 오시려나
나는 울멍울멍 매양 기다려야 하네

세상 고뇌 잊고 살라 하네

속세 풍파 깊은 수심
불타는 서녘 노을에
곱게 곱게 향기로 익어
휘영청 달빛 흥건한 이 밤

풍진 세상 세찬 삭풍
휘감아 가슴 쳐 와도
어김없이 왔던 것은 가고
올 것은 또 오니 어쩌랴

귀뚜리도 내 맘 어찌 알고
사랑의 세레나데로
질경이 억새풀 패랭이로
세상 고뇌 잊고 살라 하네

여보시게!

어느 여름날
나 찾다가

새벽마다 기도하던
성전 맨 앞 빈자리에

내 손때 묻은 성경만
펴 있거든

가브리엘 천사
손잡고
좋아라 더덩실 춤추며

하늘나라
백합꽃
구경 간 줄 아시게

절규

잘 익은 빨간 능금
덥석 한입 깨물어
먹히는 달콤한 네가

무지 아파 비명을 지른다

저리도 죽도록 아픈
마지막 절규(絶叫)가
그대는 들리지 않는가

5

풍경소리

삶이 소태처럼 쓰고

우리 사는 세상
비바람 눈보라
소란히도 불어와

삶이 소태처럼 쓰고
쇠심줄같이 질기고
고뇌가 몰려와
목 놓아 울고 싶을 때

바람 자고 쉴 만한 곳
허허 망망 세상
그 어디메 있다기에

하늘 로고스의 말씀이
소록소록 임하는
송정(松亭) 성전 찾으니
여기가 천국이어라

둥근 달아

내 어머니 같은 둥근 달아!
온통 신비 설렘 그리움의 보고(寶庫)
어이 그리도 아픔이런가

사랑에 젖으면 떠나가 버린 연인
이별 뒤엔 아련한 청옥빛 슬픈 절망
잊힌 후엔 못 견디게 사무친 그리움

달 없는 밤은 물 없는 사막
그림자 없는 이상향의 궁전(宮殿)
에덴을 꿈꾸는 시인의 보헤미안

절망에 몸부림 타는 가슴들
행여 먹구름 달 가리면 더
외롭고 서러워 어이할까나

에메랄드혼식 55주년 결혼기념일

우리 결혼식 날
1968년 1월 23일 11시
전주 봉래원 예식장
주례 증경총회장 김윤식 목사님
축복의 서설(瑞雪) 휘날리더니 겨울답지 않게
꽃 피는 봄날처럼 포근하고 무척이나
푸르도록 화창했다

한국기독교 초기 미국남장로교 선교사가
세운 대수교회 장로님 권사님의 넷째 딸,
지순한 요조숙녀, 빨간 연지볼 앵두 입술에
그 눈빛 그 설렘 그 훈훈한 숨결 그대로
연민의 정 한아름 안고 만나 북녘 샛바람
에도 속절없이 걸어 강산이 다섯 번 반
바뀌며 숨가쁘게 예까지 왔다

인고의 삶 칼바람 이겨낸 겨울도 쉰다섯 번,
훈풍에 꽃피는 봄날도 쉰다섯 번, 산 넘고
물 건너 후미진 먼길, 힘들어 지칠 때 투정도

부렸다 달래기도 했다 어리광도 부렸다
애들처럼 토라지기도 했다
이제는 미운 정 고운 정 다 들었다

알토란 같은 3남매 주님께서 덥석 안겨 주시어
신앙의 섭리 안에서 모두 천상배필
만나 딸 낳고 아들 낳고 사람 구실 다 해주어
손녀 손자들 재롱에 늙을 새 없으니 분명
하늘의 은총이요 당신 피 다 쏟아 낳고 기른
값진 후사(後嗣)들이라

로고스의 주례사가 아직 내 심장에서 숨 쉰다
우리는 그 흔한 신혼여행을 가지 못했다
그날 허니문 밀월(蜜月) 못 간 나는 큰 죄인
되어 꿀 먹은 벙어리로 한평생 살았다
그 한에 아이들은 모두 멀리
신혼여행을 다 보냈다

지금 당신과 나, 꿈 많던 청춘은 간데없고
인종(忍從)의 덕과 질곡의 세월 눈보라
비바람에 깎이고 씻긴 흔적으로 깊은 주름
검버섯 무서리가 곱고 그윽하게 수채화로 무르익었다
잘 물든 단풍은 봄꽃보다 더 아름답다 했던가

우리 결혼 55주년 에메랄드혼식 후 코스모스
져버린 황량(荒凉)한 뜨락엔 노란 국화꽃 반기고
까맣게 익어 고개 숙인 해바라기 꽃길 지나
낙조의 긴 노을빛에 돌고래 무리 지어 춤추고
검은 물개 떼 유유히 노니는 태평양 푸른 바닷가
야자수 우거진 유서 깊은 호텔
핑크색 블라인드 조용히 내리자

봉황새는 천길을 날아도 서속(黍粟)*을 쪼지 않는다는데
여보! 우리도 그리 사세나 그려
우리 이제 길지 않게 남은 이생의 동행
뉘엿뉘엿 마치는 그날이 문득 오면 저 황혼
넘어 서녘 별들이 반짝이는 예비 된 그 먼 나라
그곳 종언(終焉)**의 문 사르르 열고 들어가
거기서 오래오래 편히 쉬자

*서속: 기장과 조
**종언: 마지막 최후

이게 인생이라 하더이다

오직 창조주 섭리 따라
알몸에 빈주먹 불끈 쥐고
생명 건 엄마 피 다 쏟아
탯줄 달려 세상 왔더이다

배냇짓 까르르 도리도리
엉금엉금 기다 아장아장
어버이 사랑 먹고 날마다
무지개 꿈꾸며 자랐노라

청춘엔 맨발로 걷고 뛰며
아득히 한평생 살아온 길
인생 열차 간이역 지나고
종착역은 어디쯤일까

무심한 세월은 쉬지 않고
바람같이 가니 바다 같은
주님 은혜 목숨 다해 충성
이게 인생이라 하더이다

한 세상 사노라면

우리 한 세상 사노라면
억장(臆臟) 무너질 일
어찌 한두 번이겠는가
그래도 그러려니 사는 거다

우리 한 세상 사노라면
바람 불어 가슴 시린 날
어찌 한두 번이겠는가
그래도 그러려니 사는 거다

우리 한 세상 사노라면
죽음의 이별 슬픈 아픔이
어찌 한두 번이겠는가
그래도 그러려니 사는 거다

우리 한 세상 그리 참고 견뎌
하늘 섭리 안에 사노라면
무너지는 아픔도 슬픔도 깊은 고뇌도
어차피 한 평생 그렁저렁 흘러가고

풀잎 이슬 되는 거다
아침 안개 되는 거다
옛날 옛적 얘기 되는 거다
그 아픔 그 상처 황금
진주 되는 거다

하늘 섭리

사람아! 지엄하신
하늘 섭리 그 뉘라 거역하랴
보냄 받고 세상 나올 때
엄마 배 속 삼백일 기다리다
빈주먹 불끈 고고성 하며 왔지
지구촌 소풍 끝내고 가는 날도
오직 그분 손안에 있거늘

여보게!
뭐 그리 고뇌하는가
뭐 그리 슬퍼하는가
행여,
살아온 날들이 허무로 사무쳐
후회 없는 인생 어디 있으랴만
귀천(歸天)에 그게 무슨 대수랴

나그네 길손
본향에 돌아감이
자명한 순리 아닌가

떠가는 구름 스치는 바람이여
휘청휘청 한평생 꿈 같은 세월!
허덕허덕 온 길 오직 은혜였노라
억겁의 올 날도 축복의 강일래라

꿈이어라

그리운 어릴 적 고향 오솔길
긴 밤 지새워도 못다 할 추억들
이제 모두 잊혀 가는
아스라한 사무침이어라

나 주일학교 가고 오던 샛길
노란 탱자 주저리주저리 열리고
벌 노래하고 나비 춤추고
나팔꽃 휘감고 능소화 꽃향기
그윽하고 바람도 쉬어 가던 길

1945년 8월 15일! 나 여섯 살 적
엄마 손 잡고 유치원 다녀오던
그 길, 해방 함성에 그리도
기뻐하시던 울 엄마 모습 지금도
내 눈에 그대로 묻어 있고

사립문 열고 들어서니 내 새끼야
깜짝 반기시는 내 어머니

와락 얼싸안다 깨어보니 그만
꿈이어라 꿈이어라

꿈은 무정한 세월이 흐르고
또 무지 흘러도 늙지도 않고
정녕 나이도 먹지 않나 보다
아, 이 허무함이여

고향 간이역

고즈넉한 고향 간이역
희미한 전등불 아래
불나비만 좋아라 춤추고

뜸뜸이 급행열차가
크게 경적을 울리며
휘이익 요란히 지나간다

꽃이 피고 낙엽이 지고
천둥 번개 장대비 억수
먹구름 칼바람 불더니

싸락눈 소복이 내리고
함박눈 수북이 쌓이고
황혼길 차표 한 장 들고
나 타고 갈 막차 기다린다

휘청휘청 걸어온 한평생
이 풍진 아스라한 세월이

오직 신의 은총이었네
벅찬 감사에 흠뻑 젖어
회상에 서성이고 있다

이 또한 지나가더이다

남은 세월 바람 부는 강을
노쇠한 혜안을 열고
인고의 침묵으로
참회의 회심으로
건너가려네

한 평생 덕지덕지 묻은 허물
세월의 강물에 씻기며
먼 바다 향해
높새바람 부는 밤도
쉼 없이 흐르려네

우린 만나면 헤어질 아픔
아쉬워했고
헤어지면 오래 기다릴
고독의 괴로움
또한 두려워했네

괜스레 어디론가
누항 떠나야 살 것 같은
쌉싸름한 조바심 휘감아도
섭리 안에 한세상 사노라면
이 또한 지나가더이다

소원

어느 먼 훗날
삶과 죽음이 만나는 날
당신의 놀라운 사랑을
믿기에 기도하옵느니

나의 영혼을
주께
맡기 나이다
받아 주소서

이 한마디가
내 생애
마지막 말로 멋게
하옵소서

주님!

조국의 찬란한 새 역사

하루 일을 마친
붉고 둥근 해가
서산마루에
턱 걸터앉아
송골송골
이마에 맺힌 땀을 닦는다

한 생을 다한
조락의 낙엽도 가는 길
하롱하롱
바람 타고 내려와
길 위에 마구 뒹굴다
일몰을 베고 봄꿈을 꾼다

촌음도 쉼 없이
조국의 찬란한 새 역사는
하늘 섭리 안에서
먼동이 트는 새벽을
한아름 품에 안고
사뿐사뿐 오고 있음이여!

밤이면 꿈마다

어릴 적 고향집 옹달샘 솟아나고
휘감아 흐르는 개울에 송사리 잡고
빨간 고추잠자리 손가락 사이 끼고
나는 무지무지 좋아라 했네

집 앞 텃논 벼 이삭 여물 무렵
대청마루 기둥 새끼줄 흔들면
새떼 화들짝 놀라 날아갔고
메뚜기 강아지풀에 줄줄이 꿰었네

여름 방학엔 아스라이 십 리길
외가 친구들과 둑방 툼벙 멱감고
뽕나무 까만 오디 따먹던 추억들
아슴아슴 피어오르네

휘영청 달밤 마당 멍석 애기꽃 피고
섬돌 밑 귀뚜리 논들 따오기 지금도
구슬피 울고 있는지 밤이면 꿈마다
유년의 뒤란 서성이다 되돌아오네

신이시여!

한 평생 주는 것이
받는 것보다 더
복되단 말씀
읽고 또 들어 심비에
깊이깊이 새겨 품고도

나누고 베풀기보다
더 담고 더 채우려
허깨비에 홀린 듯
어정어정 두리번
이 발길 누구라 막으랴

신이시여! 비오니
늘그막 이 추한 몰골
야곱의 우물가에 왔던
여인처럼 말씀 주사
새로 거듭나게 하소서

분연히 일어서야 한다

아! 어찌 대명 천지
파란 하늘 아래 이리도
애간장 저미는 영원한
이별이 있을 수 있을까

애통하지 않을 죽음이
어디 있을까만 피지 못한
꽃봉오리를 먼저 보내는
참척(慘慽)의 이 통한

가슴 에이는 이 비통
억장 무너져 울음 삼키며
국화 한 송이로 피눈물로
어찌어찌 참을 수 있으랴만

그래도 그래도 내일은
동녘에 붉고 둥근 해가
다시 떠올라 하늘이 우리를
광휘로 감싸 주시려니

이제는 툭툭 털고
불끈 일어서야 한다
분연히 일어서야 한다
내일로 힘차게 달려가야 한다

봄은 바야흐로 성큼 오리니

잘 가라 계묘년(癸卯年)
어서 오라 갑진년(甲辰年)

아슬아슬 건너온 계묘년
섣달 그믐날 뒤돌아보며
한 해의 끝자락에 와 서니
저무는 세밑 노스탤지어여

한 살 더 옹골차게 먹으니
내 말소리는 더 나직 나직히
내 발걸음은 더 조심 조심히
내 심성은 더 겸손 겸손하게

보내야 하는 흑토끼 해로
심사가 오죽 스산하리오만
그래도 하 그래도 시나브로
봄은 바야흐로 성큼 오리니

원망과 갈등 분노와 저주여
흑암은 가고 희망의 새 아침
우리 모두 장엄한 합창으로
눈부신 조국 중흥 꽃 피우리

풍경소리

누항의 세상 묻은 때 그대로
하나님 만나고 돌아오는
주님의 날 새 아침

내 깊은 영혼 처마 끝에
생명의 말씀 풍경 하나
받아 달고 돌아왔네

거친 광야 질곡의 세상 건널 때
노도 광풍 중에 맑고 깊게
풍경소리 들려오면

주님 친히 날 찾아오시어 또
말씀 잊었느냐 내 잠든 영혼
흔들어 깨우심을 믿겠나이다

구원밖에

지상의 시간이
끝나기 전
본향으로
돌아가기 전

연꽃 만나러 가는
바람 아니라
만나고 가는
바람같이*

내가 구할 것은
오직 한 가지
구원(救援)밖에
또 무엇이 있으랴

*미당의 시 부문 인용

임종(臨終)

먼 훗날 나 하늘나라
가는 날은 귀뚜리도
슬피 울지 말라 하시오

먼길 떠나가는 날엔
주여 지난밤 내 꿈에
찬송가만 불러 주시오

하늘 백합꽃 구경길
일곱 빛깔 무지개로
천국길 환히 밝히시고

주님 기도하옵느니
내 영혼 받아 주소서
간구로 멎게 하옵소서

오직 감사뿐이네

한 평생
아득히 걸어온 길
굽이진 길목마다
세찬 삭풍이었네

굴곡진 하 세월에
모질고 풍진 바람도
때론 향기 그윽한 훈풍도
따스한 햇살 꽃길도 걸었네

돌아보니
애오라지
하늘의 은총
오직 사랑이었네

값없이 주신 그 사랑
오직 은혜요
상모 굿판 한마당
오직 감사뿐이었네

늙지 마시라, 어머니여!

– 『분단의 아픔』을 읽고

남북형제의 사모곡 합창 / 저자 오승재 교수

오승재 교수는 1933년 7남매 중 장남으로 출생, 1959년 한국일보 신춘문예에 소설 「제3부두」로 당선된 등단 작가로서 「요단강 건너가 만나리」 등 여러 편의 소설과 일상에서 만나는 예수님 『신앙간증집』 『한국 선교 이야기』 역서 등 20여 권과 이번에 또 『분단의 아픔』 남북형제의 사모곡 합창을 펴냈다.

한국문학비평가협회문학상, 창조문예문학상, 한국장로문인협회 문학상을 수상했다. 또한, 미국 북텍사스주립대학교에서 박사학위를 받고 한남대학교 교수와 창작활동을 겸해온 현재 한국장로문인협회 고문과 한국기독교문인협회 고문으로 우리 문단의 원로작가다.

오승재 교수와 교분은 지금부터 50여 년 전 필자가 대학 졸업 후 방송계에 입문 첫 번째 주재지 대전에서 대전KBS, 대전MBC, 군산서해방송 3방송 심의책임자로 근무할 때 오승재 교수는 대전 한남대 교수로 함께 대전제일교회 찬양대원으로 신앙 안에서 만난 원로 소설 작가요 인생의 대선배이시다.

바로 아래 아우인 오영재 시인은 16세 중학생 때 6.25 전쟁의 거센 회오리 속에서 그의 운명은 너무도 예상치 않게 북한 땅까지 훌쩍 실어다 놓았다.

의용군으로 60년을 가족과 떨어져 죽은 줄만 알았던 동생이 어느 날 한 신문을 통해 그가 북한에서 전시의 병사 시절과 전후의 노동생활을 거쳐서 북한 문단의 정상 영예로운 계관시인이 되었고 1995년 말에 '노력 영웅' 칭호로 북한의 최고 훈장을 받은 주인공임을 알게 되었다. 그는 어머니가 사무치게 그리울 때면 한정동 작사 윤극영 작곡 「따오기」를 불렀다.

> 보일 듯이 보일 듯이 보이지 않는, 따옥따옥 따옥소리 처량한 소리, 떠나가면 가는 곳이 어디메이뇨, 내 어머니 가신 나라 해 돋는 나라

전란기에 훈련 받던 아우 소년이 강진 운동장 옆의 탱자 울타리 곁에서 한 살배기 여동생 영숙을 업고 70

리 먼 길을 걸어와서 아들을 만나고 무더위 속 저녁 길로 떠나던 어머니의 마지막 모정의 뒷모습을 평생을 잊지 못해 울컥울컥 토해낸 목멘 감동의 울부짖음이다.

늙지 마시라
더 늙지 마시라, 어머니여!
세월아, 가지 말라
통일되어
우리 만나는 그날까지라도 (중략)

너 기어이 가야만 한다면
어머니 앞으로 흐르는 세월을
나에게 다오
내 어머니 몫까지
한 해에 두 살씩 먹으리 (중략)

그다음엔
그다음엔
내 죽어도 여한이 없으리니

어머니 찾아가는 통일의 그 길에선
가시밭에 피 흘러도 아프지 않으리 (하략)

남쪽의 어머니가 더 늙지 마시길 간절히 바라던 북쪽의 아들 그 어머니도, 그 아들도 모두 세상을 떠난 지금 남북을 가르는 휴전선 철책 위로 주인 잃은 사모곡만 애달프게 생생한 피맺힌 민족 역사의 기록으로 오래오래 남아 흐르리라. 깊게 피 멍든 한(恨)과 눈물이 강물 되어 쉬지도 되돌아가지도 않고 도도히 행진할 것이다. 천 년도 더 넘게 흘러 흘러가리라.

사무친 사랑이여

오성건 시집

2024년 3월 25일 초판 인쇄
2024년 3월 30일 초판 발행

지은이 / 오성건

발행인 / 강병욱
발행처 / 도서출판 교음사

03147 서울 종로구 삼일대로 457 수운회관 1308호
Tel (02) 737-7081, 739-7879(Fax)
e-mail / gyoeum@daum.net

등록 / 제2007-00052호

* 잘못된 책은 바꾸어 드립니다. 값 12,000 원

ISBN 978-89-7814-976-1 03810

- 이 책은 한국예술인복지재단의 창작지원금으로 제작되었습니다.